정지용 문학관은 정지용 대변인이다

2025

정지용문학관은 정지용 대변인이다

－옥천

김재석 시집

사이재

시인의 말

인구에 회자하는
「향수」로 큰 족적을 남긴
지용을 노래한 김에
옥천까지 노래하였다

6·25한국전쟁 중에
실종된,
이데올러기의 희생양이 된
지용을 생각하면
마음이 아프다

이 시집이
지용과 옥천의 자연과 역사를
세상에 알리는 데
기여하길 바란다

2025년 여름
일속산방一粟山房에서
작시치作詩痴 김재석

차례

정지용문학관은 정지용 대변인이다

시인의 말

1부

옥천 13
한반도 지형 15
옛37번 국도변 벚꽃길 16
부소담악 18
일출 20
자연휴양림 22
금강유원지 24
향수호수길 26
옥천 구읍 28
유채밭에서 30
어깨산 하늘전망대에서 32
독락정獨樂亭 34
청풍정淸風亭 36
상춘정에서 38
보청천 40
추소정이 부소담악과 동고동락하고 있다 42
이지당이 마음에 품은 뜻이 고결하다 44

옥천 구읍에 가서 시 쓴단 말 하지 마라 46
장계관광단지 48

2부

정지용 생가 51
실개천에 대한 몽상 53
정지용 생가에서 얼룩배기 황소를 만나다 54
꽃밭을 바라보며 56
부엌과 헛간채 58
산수유와 아그배나무 60
봉선화 62
봉선화는 이제 더 이상 처량하지 말아야 한다 64
분꽃 66
정지용 생가가 숨돌릴 겨를이 없다 68
실개천 70
내 눈빛이 실개천을 가만두지 않는다 72
우물 74
정지용 생가가 가을을 타다 76

3부

정지용문학관은 솔찬하단 말로도 부족하다 81
정지용문학관은 정지용 대변인이다 83
정지용문학관이 알차다 85

정지용문학관이 현대시사에 대하여 빠삭하다 86
정지용문학관이 나에게 문장지를 보여주다 88
정지용문학관은 암기력 하나는 끝내주다 90
정지용문학관에게 지용의 대표시 한 편만 뽑으라 하면 92
정지용문학관이 정지용의 별명을 알려주다 94
정지용문학관은 정지용 문학전집이다 96

4부

지용이 교토의 조선 유학생 잡지 《學潮》 1호에 '카페 프란스' 외 9편의 시를 선보이다 101
그곳이 차마 꿈엔들 잊힐리야에 다 들어 있다 103
정지용은 시문학파의 얼굴마담이다 105
정지용의 '바다 6' 외 4편이 1930년 5월 《시문학》 2호에 얼굴 내밀다 107
정지용은 시만 끝내준 게 아니라 동시도 끝내주다 109
구인회를 보면 정지용을 그냥 알 수 있다 111
정지용의 휘문고 영어교사 시절 칠판을 배경으로 한 사진이 말해 주는 게 있다 113
정지용은 박두진의 시 심사평을 쓰면서 가슴이 뿌듯하였을 것이다 115
정지용의 박남수에 대한 추천평이 그야말로 끝내주다 118
《문장》이 운이 좋은 건지 조지훈이 운이 좋은 건지 120
북에는 소월素月이 남에는 목월木月이란 말의 발원지가 122
정지용이 《가톨릭청년》으로 이상을 챙기다 124

정지용이 윤동주를 챙기다 126

조선문학가동맹에 걸출한 문사들이 너무 많았다 128

625한국전쟁이 정지용의 운명의 지침을 돌려놓았다 130

2001년 1월 제3차 남북이산가족상봉에 아버지를 찾아 북으로 간 정구인이 나타나다 132

일본 교토 도시샤 대학이 정지용과 윤동주를 챙기다 134

옥천이 강진에 기여한 게 두 개 있다 136

『최초의 모더니티스트 정지용』이 정지용을 소화하는 데 크게 기여하다 138

나의 시「갈대는 제 몸뚱일 흔들어」를 지용에게 보여주고 싶은데 140

1부

옥천
　-서시

옥천이
이웃들의 부러움을 사고 있다

보은,
대전,
금산,
영동,
상주

그냥 이웃들이 아니라
잘나가는 이웃들의
부러움을 사고 있다

옥천이
잘나가는
이웃들의 부러움을 사는 건
조선왕조실록에
삼천 번 이상 얼굴 내민
송시열을 낳아서고
한국 근대시의 아버지인
정지용을 낳아서다

송시열이
사약으로 생을 마감하였어도
정지용이
6·25한국전쟁 중에 증발하였어도
이웃들의 부러움을 사는 건
인구에 회자하는
정지용의 '향수' 때문이다

옥천이
이웃들의 부러움을 살 뿐만 아니라
충청도를 넘어
우리나라
모든 지자체들의 부러움을 사고 있다

한반도 지형
 - 둔주봉에서

어디서 많이 봤다 했더니
좌우가 바뀐
한반도 지형이다

표절이란
말을 들을까 봐
슬쩍 바꿔 놓았을 리가

한반도와
상호텍스트성이 있는 게
분명하다

영향의
불안으로부터
벗어나지 못하게 생겼다

어디서 많이 봤다 했더니
좌우가 바뀐
한반도 지형이다

옛37번 국도변 벚꽃길

누구든
찾아가면
사열을 받을 수 있는
옛37번 국도변 벚꽃길

국도변 벚꽃길이
누가
잘나간다 하여
사열을 하고
누가
잘나가지 못한다 하여
사열을 하지 않는 게 아니다

사열도
받들어 총이 아닌
받들어 꽃이다

받들어 꽃,
받들어 꽃인
사열을
아무 때나 받을 수 있는 건 아니다

누구든

찾아가면

사열을 받을 수 있는

옛37번 국도변 벚꽃길

부소담악

물 위의
용에게
여의주를 안겨 주지 말 일이다

여의주를 안겨 주었다간
바로
꼬리를 흔들며
하늘로 올라가
구름 위를 날 것이다

여의주,
여의주가
어디에 있는지 몰라도
여의주에 대하여
내색을 말아야 한다

만에 하나
여의주가
용에게 안겨 줘
용이 떠나는 날이면
부소담악은

이름을 잃을 것이다

물 위의
용에게
여의주를 안겨 주지 말 일이다,
절대로

일출
　- 용암사에서

솟아라 해서
솟고
솟지 말라 해서
솟지 않을 해가 아니다

하늘밭 갈아
씨 뿌리러 나오는 해를
용암사
운무대,
운무대가 시원하게 보여주는 것을

해가
하늘밭 갈아
씨 뿌리고 돌아간 지
얼마 되지 않아
바로 싹이 돋아나는 것을

돋아난 싹을
달이
돌보는 것을

지라고

지고

지지 말라 해서

지지 않을 해가 아니다

자연휴양림
 – 장령산

장령산
자연휴양림의 품에 안겨 봐라,
한 번

나뭇잎이
해와 달 별빛을 챙기는 걸
지켜보기만 해도
힐링이
저절로

나뭇잎이
해와 달 별빛을 챙긴 게
들통난 걸
지켜보기만 해도
힐링이
저절로

나뭇잎이
해와 달 별빛을 챙기는 걸
해와 달 별빛을 챙긴 게
들통난 걸

눈치채지 못해도
힐링이 저절로

장령산
자연휴양림의 품에 안겨 봐라,
한 번

금강유원지

장계관광단지 못지않게
금강유원지가
옥천의 사랑을 받고 있다

금강휴게소가
뒤에서 팍팍 밀어주니
잘나갈 수밖에

장계관광단지가 들으면 서운하겠지만
금강유원지가
장계관광단지보다 더
옥천의 효자 노릇을 하는지도 모른다

성이 금강이고
이름이 유원지인
금강유원지

금강유원지,
금강유원지
이름만으로도 잘나가는
금강유원지가

이름값을 하고도 남을 것이다

장계관광단지 못지않게
금강유원지가
옥천의 사랑을 받고 있다

향수호수길

향수호수길은 뭘로 잘나가나

대답하나 마나
향수로 잘나가는 걸
내가 괜히
자문자답을 하나

햇빛과 물결이 만나
태어난 보석을
가장 가까이서 지켜볼 수 있게 해 주는
물비늘전망대가 들으면
서운할지 모르겠다

오대앞뜰,
솔향쉼터,
황새터,
용댕이 역시
향수호수길이
향수로 잘나간다는 말을 들으면
인상을 구길 수도 있겠다

세상에 만만한 게 하나도 없듯이
향수호수길에
잘나가지 않는 게 하나도 없다

향수호수길이 뭘로 잘나가나
자문자답할 일이 아니다

옥천 구읍

옥천의
지나간 미래를 맛보려면
구읍의 품에 안기기만 하면 된다

구읍에
정지용문학관 같은
옥천의 다가온 과거가 없는 건
아니지만
옥천의 지나간 미래는
단연 구읍이다

다시 태어난
정지용생가,
육영수생가를 비롯하여
옥천의 구읍에 똬리 틀고 있는
옥천 향교,
죽향초등학교 구 교사가
옥천의 저명인사다

누가
옥천의

저명인사 중의 저명인사인지는
위화감을 조성하니
내 입으로는 말하지 않겠다

옥천의
지나간 미래를 맛보려면
구읍의 품에 안기기만 하면 된다

유채밭에서

아무리 생각해도
유채꽃이
햇빛보다
달빛과 가까이 지내는 것 같다

달이
유채꽃에게 신세를 지는지
유채꽃이
달에게 신세를 지는지
헷갈린다

달이
유채꽃에게 신세를 지는지
유채꽃이
달에게 신세를 지는지
여러 날을 지켜봐도
헷갈리는 건
서로 신세를 진다는 말이다

처음에는
유채꽃이 달에게 신세를 져도

나중에는
달이 유채꽃에게 신세를 질 수도 있다

아무리 생각해도
유채꽃이
햇빛보다
달빛과 가까이 지내는 것 같다

어깨산 하늘전망대에서

어깨산
이름이 조폭을 떠올리나
개명할 생각이 조금치도 없다

누가 언제 어디서
어깨라는
이름을 지어줬는지 몰라도
어깨산이 이름 때문에
곤욕을 치렀다는 말을
들어본 적이 없다

어깨산 오르는 길에 만난
128계단,
금강전망대,
어깨정이 안겨 주는 풍경도
끝내주지만
하늘전망대가 안겨 주는 풍경이
그야말로 끝내준다

봐라 봐,
눈 앞에

휘감아 돌아가는 금강을
손짓하는
천성장마* 능선을
속리산 묘봉을
문장대를
천왕봉을
구병산을

나를
잠시도 가만두지 않는
하늘 전망대

어깨산
이름은 조폭을 떠올려도
조폭과는 거리가 멀다

*천성장마: 천태산, 대성산, 장령산, 마성산

독락정 獨樂亭

말이
홀로 즐기는 곳이지
홀로 즐길 리가 없다

선조 때
절충장군 주몽득이 낳았다는데
순산이었는지
난산이었는지
궁금하다

나이 들어도
외모가
이리 준수한 건
다시 태어나서일 거다

송근수의 율시기문을
애지중지하는
독락정이
다시 태어나지 않았다면
외모가
이리 준수할 리가 없다

반반한
독락정 현판은
군수 심후가
맘먹고 낳은 것이다

말이
홀로 즐기는 곳이지
홀로 즐길 리가 없다

* 독락정独樂亭: 충청북도 옥천군 안남면 연주리에 있는 정자이다. 1998년 6월 26일 충청북도의 문화재자료 제23호로 지정되었다.

청풍정淸風亭

청풍정이
금강을 거느렸다고 해야 하나
금강이
청풍정을 거느렸다고 해야 하나

청풍정이
금강을 거느렸다고 하면
금강에게
욕이 되지만

금강이
청풍정을 거느렸다고 하면
청풍정에게
욕이 되지 않을 것 같은데

삼일천하 김옥균과
그의 연인
명월이의 사연으로 잘나가는
청풍정

청풍정이

금강을 거느렸다고 해야 하나
금강이
청풍정을 거느렸다고 해야 하나

*청풍정清風亭: 충북 옥천군 군북면 석호리 대청호 변에 있는 정자이다.

상춘정에서

마음은
언제나 봄이지만
여름, 가을, 겨울이
봄을 가만두지 않는 것을

가을은 여름을
겨울은 가을을
봄은 겨울을
역시
가만두지 않는 것을

사이 좋게
봄, 여름, 가을, 겨울이
바통을 주고받는 것을
가만두지 않는다 하는가

내가
괜히
봄 여름 가을 겨울을
이간질하는가

봄이 여름을
여름이 가을을
가을이 겨울을
겨울이 봄을 밀어주는 것을

보청천

보청천에 얼굴 내민
물구나무선
상춘정이
데칼코마니가 뭔가를
나에게 가르치지 않고도
가르치는 것을

보청천을 거울 삼은
구름은 말할 것도 없고
주야로 햇빛이 달빛이
잔물결과 의기투합하여
보석이 태어나지 않는 날이
많지 않은 것을

밤하늘 은하수의 일부가
보청천에 흘러들어도
보청천이 자랑하지 않는 건
자랑했다간
바로 시새울 수 있기에

별들이

멱감으러
보청천에 뛰어들어도
누구도
말리지 못하는 것을

추소정이 부소담악과 동고동락하고 있다

옥천의 저명인사인
추소정이
부소담악과 동고동락하고 있다

만에 하나
여의주, 여의주가 부소담악에 주어져
부소담악이 꼬리를 흔들며
구름을 헤치고 하늘로 치솟으면
추소정의 앞날은 보장할 수가 없다

다행히 부소담악이
하늘에서 내려온 지 너무 오래되어
이제 하늘로 올라갈 생각이
아예 없기에
추소정은 안심해도 될 것이다

부소담악은
추소정을 애지중지하고
추소정 역시
부소담악을 위하여
목숨이라도 바칠 자세다

옥천의 저명인사인
추소정이
부소담악과 동고동락하고 있다

이지당二止堂이 가슴에 품은 뜻이 고결하다

성리학자이자 의병장인
조헌을 기리기 위해
김만균이 낳은
이지당二止堂이 가슴에 품은 뜻이 고결하다

누가 작명을 했나 했더니
조선왕조 실록에 삼천 번 이상 얼굴 내민
옥천이 자랑하는 송시열이다

詩經 小雅 車轄 편에
똬리 튼
高山仰止 景行行止가 발원지다

머리 글자를 따지 않고
꼬리 글자를 딴 것도
이제까지 봐왔던 것과 다른 발상이다

이지당二止堂이
옥천의 저명인사를 넘어
우리나라의 저명인사임이 틀림없다

성리학자이자 의병장인

조헌을 기리기 위해

김만균이 낳은

이지당二止堂이 가슴에 품은 뜻이 고결하다

* 고산앙지高山仰止 경행행지景行行止: 산이 높으면 우러러보지 않을 수 없고 큰 행실을 그칠 수 없다는 뜻이다.《시경詩經》의 소아小雅 거설車舝 편에서 유래한 구절이다.

* 이지당二止堂: 조선 중기의 성리학자이자 의병장인 조헌(1544~1592)이 뛰어난 경치를 벗 삼아 풍류를 즐기며, 제자를 가르치던 곳에 김만균이 조헌의 업적을 기리고자 세운 건물이다.

옥천 구읍에 가서 시 쓴단 말 하지 마라

옥천 구읍에 가서 시 쓴단 말 하지 마라

정지용의
향수에 비길 만한
백록담에 비길 만한
호수에 비길 만한
시가 있으면 몰라도

괜히
옥천 구읍에 가서 시 쓴단 말 했다가
우세 사기 십상이다

근대시의 아버지
정지용의 시로 도배한
옥천 구읍이
시를 보는 안목이
정지용 수준이니
웬만한 시는 명함도 내밀지 못한다

박두진이나
박목월이나

조지훈 정도면 몰라도

옥천 구읍에 가서 시 쓴단 말 하지 마라

장계관광단지

옥천이 장계를 편애한단 말 듣게 생겼다

다른 데 다 제쳐두고
장계만 신경 쓸 리가 없는 데도
불구하고

옥천에
잘나가는
저명인사가 한둘이 아닌 데도
옥천이 장계를 편애한단 말 들을 수 있는 건
장계관광단지 때문이다

장계가
옥천이 신경 쓴 것 이상으로
옥천의 효자 노릇하는지
궁금하다

옥천이 장계를 편애한단 말 듣고도 남게 생겼다

2부

정지용 생가

정지용 생가가
전라도 강진에서 충청도 옥천까지
먼 걸음을 한 길인 나를
두 팔 벌려 맞이한다

영랑생가가
충청도 옥천에서 전라도 강진까지
먼 걸음을 한 길인 정지용을
두 팔 벌려 맞이했듯이

옥천의 해와 달 별빛을 챙긴,
정지용 생가 감나무의 감을
몇 개 따 먹고 싶은데
감까지
까치발로도 손이 닿지 않는다

감을 따 먹으면
지용처럼
시를 잘 쓸 수 있을 것 같은데
감을 따 먹을 길이 없다

차선책으로,
뒤늦게 나의 시선을 끈
무화과 쫌팽이라도 따 먹으면
지용처럼
시를 잘 쓸 수 있을까

정지용 생가가
전라도 강진에서 충청도 옥천까지
먼 걸음을 한 길인 나에게
황국신문서사비를 밟고 다니라고
다리로 만들어 놨다

정지용 생가가
전라도 강진에서 충청도 옥천까지
먼 걸음을 한 길인 나를
두 팔 벌려 맞이하기만 하는 게 아니라
배웅도 한다

실개천에 대한 몽상
- 정지용 생가 앞에서

낮에는
햇빛이 실개천을 가만두지 않고

그게 뭔 소리
그게 뭔 소리

낮에는
실개천이 햇빛을 가만두지 않는 것을

밤에는
달빛이 실개천을 가만두지 않고

그게 뭔 소리
그게 뭔 소리

밤에는
실개천이 달빛을 가만두지 않는 것을

정지용 생가에서 얼룩배기 황소를 만나다

실개천과
아주 가까이 지내는
정지용 생가가
나에게 얼룩배기 황소를 만나게 해 주었다

송아지를 거느린 황소가
해설피 금빛 게으른 울음을 우는 걸
내가 듣고 싶어 하는 걸 눈치챈
정지용 생가가
황소로 하여금
해설피 금빛 게으른 울음을 들려주게 하는데
말로 표현할 길이 없다

정지용 생가가 나에게만
황소로 하여금
해설피 금빛 게으른 울음을 들려주게 하는 게 아니라
듣고 싶어하는 이들에게는
다 들려줄 것이다

얼룩배기 황소와 더불어
질화로도

짚벼개도 만나게 해 준
정지용 생가가
해와 달 별빛을 잔뜩 챙긴 감으로
나에게 군침을 삼키게 하는데
얼룩배기 황소가 들려준
금빛 게으른 울음이
나를 가만두지 않는다

실개천과
아주 가까이 지내는
정지용 생가가
나에게 만나게 해 준 얼룩배기 황소가
나에게 들려준
금빛 게으른 울음을
끝내 말로 표현하지 못하고 돌아간다

꽃밭을 바라보며
 - 정지용 생가

정지용 생가에 얼굴 내민 꽃들이
남다른가
남다르지 않는가

남다른 눈으로 보면
남다르고
남다른 눈으로 보지 않으면
남다르지 않는가

남다른 눈으로 보지 않아도
남다르고
남다른 눈으로 봐도
남다르지 않는가

낱낱이
꽃의 이름을 불러주고 싶어도
이름을 모르는
꽃의 이름을 불러주지 않으면
꽃이 마음의 상처를 입을 수 있기에
꽃의 이름을 불러주지 말아야지,
아예

정지용 생가에 얼굴 내민 꽃들이
남다른가
남다르지 않는가

부엌과 헛간채
  - 정지용 생가에서

정지용 생가는
소박하다고 하면 소박하고
소박하지 않다고 하면 소박하지 않다

정지용 생가를 위하여
동원된
살림살이들과 농기구가 반반하다

살림살이들과 농기구가
출연료가 없는 걸로 봐
재능기부, 재능기부가 분명하다

마지못해가 아니라
기꺼이 함께하고 있는
살림살이들과 농기구가 팔려왔을 수도 있다

팔려왔다 하더라도
정지용 생가를 위한 일이기에
불만을 토한 적이 없다

정지용 생가는

소박하지 않다고 하면 소박하지 않고
소박하다고 하면 소박하다

산수유와 아그배나무
  - 정지용 생가에서

산수유는 산수유
아그배나무는 아그배나무임에도
불구하고
닮은 점도 없지 않아 있어야

산수유가 노란꽃으로
먼 걸음을 한 길들을 가만두지 않은 뒤에
바통을 받듯
아그배나무가 흰꽃으로
먼 걸음을 한 길들을 가만두지 않는 것을

산수유와 아그배나무의
꽃 진 자리에 얼굴 내민 열매가
해와 달 별빛을 챙긴다고 챙기는데
욕심이 많지 않아서인지
욕심이 없어선지
어디다 명함도 못 내놓을 만큼
작은 것을

정지용 생가의 식솔인
감나무의 병아릿빛 감꽃이 진 자리에

얼굴 내민 감에 비하면
그야말로 꾀죄죄하지만
기죽은 적 없는 것을

산수유는 산수유
아그배나무는 아그배나무임에도
불구하고
닮은 점도 없지 않아 있어야

봉선화
  - 정지용 생가에서

울 밑에선
봉선화만 처량하고
담장 밑에 선
봉선화는 처량하지 않을까

봉선화가
언제부터
담장 밑에 서 있는지 몰라도
정지용 생가를
정지용 생가답게 하는 데
일조하기 위해
서 있는 게 분명하다

울 밑이든
담장 밑이든
봉선화가 처량하게 보이는 건
가곡 봉선화의
울밑에 선 봉선화야 네 모양이 처량하다는
가사 때문이다

정지용 생가를

정지용 생가답게 하는 데
일조하기 위해 서 있는
정지용 생가의
담장 밑의 봉선화도 예외가 아니다

울 밑에 선
봉선화만 처량하고
담장 밑에 선
봉선화는 처량하지 않다

봉선화는 이제 더 이상 처량하지 말아야 한다
 - 정지용 생가에서

어떤
봉선화도 이제 더 이상 처량하지 말아야 한다

일제 강점기
그때 그 시절에
한번 처량하게 보였다고
봉선화를 계속 처량하게 봐서는 안 된다

울밑에 선 봉선화야 네 모양이 처량하다로
시작하는
가곡 봉선화를 폐기처분할 수도
금지곡으로 할 수도 없는 게
문제다

그때 그 시절에
울 밑에선 봉선화가 처량했지
모든 봉선화가 다 처량한 게 아니다

어언간에 여름 가고 가을바람 솔솔 불어
아름다운 꽃송이가 모질게 침노한
봉선화의 모습이 처량한 건 맞아도

길고 긴 날 여름철에 아름답게 꽃핀
아가씨들이 반겨 논
봉선화마저 처량하다고 한 이유는
그때 그 시절이 일제강점기여서다

일제강점기에
봉선화만 처량하고
다른 꽃은 처량하지 않는 것도 아닌데
봉선화보다 처량하다고 한 건
울밑에 있어서도이지만
키가 작아서나

어떤
봉선화도 이제 더 이상 처량하지 말아야 한다

분꽃
  – 정지용 생가에서

희한하다

해와 달 별빛을 챙겨
꽃을 피우는데

어느 꽃은
붉고

어느 꽃은
분홍이고

어느 꽃은
노랗고

희한하다

누구는
탄알 같다 하고

누구는
쥐똥 같다 하고

누구는
환약 같다 하는

씨는 다
까만 것을 보면

정지용 생가가 숨돌릴 겨를이 없다

꽃나무와 화초 들을 거느린
정지용 생가가
자신을 찾은
먼 걸음을 한 길들을
마중하고 배웅하느라 숨돌릴 겨를이 없다

시도 때도 없이
정지용 생가를 찾는
먼 걸음을 한 길들의 입방아에
오르지 않기 위해
자세를 바르게 해야 한다

정지용의 향수를
먼 걸음을 한 길들이
제대로 맛보게 하기 위하여
얼룩배기 황소까지 동원한
정지용 생가는
생각이 깊고 넓다

먼 걸음을 한 길들이
정지용 생가의

눈 밖에 나면 나지
정지용 생가가
먼 걸음을 한 길들의
눈 밖에 난 적은 없다

꽃나무와 화초 들을 거느린
정지용 생가가
자신을 찾은
먼 걸음을 한 길들을
마중하고 배웅하느라 숨돌릴 겨를이 없다

실개천
  - 윤슬

지용의 향수에 출연한,
옛이야기 지즐대며
돌아나가는
실개천이
자존심이 탱탱하다

낮에
햇빛이
옛이야기 지즐대는
실개천을 만나면
보석이 태어난다

밤에
달빛이
옛이야기 지즐대는
실개천을 만나도
보석이 태어난다

실개천이
강처럼
화려한 보석상 아닌

소박한 보석상이지만……

지용의 향수에 출연한,
옛이야기 지즐대며
돌아나가는
실개천이
자부심이 대단하다

내 눈빛이 실개천을 가만두지 않는다

정지용 생가 가는 길에 만난
실개천을
내 눈빛이 가만두지 않는다

햇빛이
달빛이
실개천의 물결을 만나
보석이 태어나듯이
내 눈빛이
실개천의 물결을 만나
보석이 태어나지는 않지만
마음은
이미 보석이 태어난 거나 다름없다

눈에 보이는
보석만
보석이 아니라
눈에 보이지 않는 보석도
보석이다

내 마음은

이미 실개천에 뛰어들어
물장구를 치고
쪽대로 물고기를 잡는다

정지용 생가 가는 길에 만난
실개천을
정지용 생가에 다 다다르도록
내 눈빛이 가만두지 않는다

우물
- 정지용 생가에서

우물을 거울 삼아
내 얼굴을 보고 싶은 마음이
산보다 높은데
뚜껑 때문에 볼 수가 없다

더불어
두레박으로 물을 길어
물을 한 모금 마시고 싶은데
물을 마실 길이 없다

무담시 내가
우물을 거울 삼고 싶은 것도 아니고
무담시 내가
우물물을 마시고 싶은 게 아니다

우물물에 비친 내 얼굴이
내가 마신 우물물이
나로 하여금
정지용처럼
시를 잘 쓰게 해 줄 것 같아서다

우물을 거울 삼아
내 얼굴을 보고 싶은 마음이
바다보다 깊은데
뚜껑 때문에 볼 수가 없다

정지용생가가 가을을 타다

옥천의
저명인사 중의 저명인사인
정지용생가가 가을을 탄다

경향각지
먼 걸음을 한 길들 마중하고 배웅하느라
정신없어
가을을 타지 않을 줄 알았더니
그게 아니다

잘나가는 '향수'가
잘나가는 '호수'가
정지용생가를 빛나게 해주는 데도
그것으로 만족하지 못하는 것 같다

가을을 타는 정지용생가가
'향수'보다 더 나은
'호수'보다 더 나은
시를 꿈꾸고 있는 게 분명하다

해와 달 별빛을 챙긴 게 들통난,

잎사귀를 다 놓아버리고
감만 붙들고 있는
감나무의 감이
정지용생가로 하여금 가을을 타게 하는
주범인지도 모른다

여러분들의 방문이
나의 시작에 지장을 주고 있다는
간판을 차마 내걸지 못하고 있다

옥천의 저명인사 중의
저명인사인
정지용생가가 가을을 탄다,
좌우지간

3부

정지용문학관은 솔찬하단 말로도 부족하다

정지용문학관은 솔찬하단 말로도 부족하다

정지용문학관은 솔찬하단 말로도 부족하다는
나의 말에
내 안의 누군가가
정지용문학관이 솔찬하면 솔찬하지
정지용문학관은 솔찬하단 말로도 부족하다는 말이
뭔말이냐고
나에게 따지듯이 묻는다

정지용문학관은 솔찬하단 말로도 부족하다는 말이
정말로 뭔말인지 몰라서
나에게 따지듯이
뭔말이냐고 묻느냐고
내 안의 나에게 내가 대꾸한다

이따금
나를 몰아붙이는
내 안의 내가 틀릴 때도 있지만
맞을 때도 있다

정지용문학관은 걸출하다로 할까
정지용문학관은 반반하다로 할까
정지용문학관은 솔찬하다로 할까 하다가
정지용문학관은 솔찬하단 말로도 부족하다로
제목을 결정하고
시를 쓰는데 잘 안 풀려 고민이다

문득
내 안의 내가 나에게
제목을 가지고 따지듯이 묻는 걸
시로 쓰면 좋겠다는 생각이
나의 뇌리를 때린다
정지용문학관은 솔찬하단 말로도 부족하다는 나의 말에
내 안의 내가 나에게
따지듯이 묻는 것은
내가 정지용문학관에게 아부한다고 생각해서일
가능성도 있다

정지용문학관은 솔찬하단 말로도 부족하다,
좌우지간

정지용문학관은 정지용 대변인이다

옥천의 저명인사 중의
저명인사인
정지용문학관은 정지용 대변인이다

정지용의 생애에 대하여
훤히 꿰고 있는
정지용문학관이
경향각지 먼 걸음을 한 길들의
궁금증을 다 풀어준다

이제까지
정지용문학관이
경향각지 먼 걸음을 한 길들의
궁금증을 풀어주지 않은 것이 있었다는
말을 들어보지 못했다

정지용문학관이
자신을 방문한
먼 걸음을 한 길들의
책가방이 길고 짧고에 상관없이
자신을 만나기만 하면

정지용에 대한
궁금증이 모두 풀리게 해 주었다

청록파의 발원지인 문장지의 추천위원인
정지용의
전모를 알고 싶으면
정지용문학관을 만나기만 하면 된다

옥천의 저명인사 중의
저명인사인
정지용문학관은 정지용 대변인이다

정지용문학관이 알차다

옥천이
애지중지하는
정지용문학관이 알차다

알차다는 말은
내실을 기했다는 말인데
정지용문학관을 위하여 태어난
말 같다

알찬 문학관이
정지용문학관 이외에도 있지만
알찬 문학관 중에서도
정지용문학관이 가장 알차다

단 한 군데도 빈 틈이 없는
정지용문학관이
문학관의 전범인 걸 모르는
문학관은 없을 것이다

옥천이
애지중지하는
정지용문학관이 알차다

정지용문학관이 현대시사에 대하여 빠삭하다

달변인
정지용문학관이 현대시사에 대하여 빠삭하다

경향각지
먼 걸음을 한 길들이
현대시사에 대하여 물으면
원고없이도
막힘없이 설명해 줄 것이다

하지만
경향각지 먼 걸음을 한 길들이
물을 때마다 다 대답하려면
끝이 없음으로
아예 다 정리해 적어 놓았다

현대시의 출발부터
모더니즘,
낭만주의
1930년대 말기와 40년대를 거쳐
해방과 해방 이후의 현대시까지
한눈에 볼 수 있도록 해 놓았다

그냥
친절하단 말만으로는
부족한
정지용문학관

달변인
정지용문학관이 현대시사를 꿰뚫고 있다

정지용문학관이 나에게 문장지를 보여주다

강진에서 옥천까지
먼 걸음을 한 길인 나에게
정지용문학관이 문장지를 보여준다

정지용이 추천위원인
문장지가
박두진, 박목월, 조지훈을 챙겼다

문장지가
박두진, 박목월, 조지훈만 챙긴 게 아니라
김종한, 박남수, 이한직도 챙겼다

정지용문학관이
나에게 보여주는 문장지 어디 쯤에
박두진, 박목월, 조지훈,
김종한, 박남수, 이한직이
똬리 틀고 있을 것이다

박두진, 박목월, 조지훈이
누구인지
누가 말하지 않아도 다 아는

박두진, 박목월, 조지훈이다

강진에서 옥천까지
먼 걸음을 한 길인 나에게
정지용문학관이 보여준 문장지가 솔찬하다

정지용문학관은 암기력 하나는 끝내주다

시낭송으로
반열에 오른
정지용문학관은 암기력 하나는 끝내준다

정지용의
짧은 시 호수에서부터
긴 시 향수에 이르기까지
정지용의 시는
하나도 빠짐없이
머리에 담아놓았다

장수산을
백록담을
바다 연작을
머리에 담기가 쉽지 않은데
머리에 담아 놓은 걸 보면
정지용문학관은 머리가 좋다

경향각지
먼 걸음을 한
다른 길들은 어떤가 몰라도

나는
정지용문학관과 눈빛을 주고받는데
내가 정지용에 대하여 알고자 하는 걸
정지용문학관이 눈빛으로
다 알려준다

시낭송으로
일가를 이룬
정지용문학관은 암기력 하나는 끝내준다

정지용문학관에게 지용의 대표시 한 편만 뽑으라 하면

정지용문학관에게 지용의 대표시 딱 한 편만 뽑으라 하면
정지용문학관은
많이 망설일 거다

다들
당연히
넓은 벌 동쪽 끝으로 옛이야기 지즐대는
실개천이 돌아나가는으로 시작하는
향수라 생각하겠지만
향수에 버금가는 시가 한두 편이 아니니

옥천만 생각하면
단연 향수이겠지만
장수산도
바다 연작도
호수도
향수 못지않은 것을

향수를 제외하고
지용의 대표시 딱 한 편만 뽑으라 해도
정지용문학관은

역시 많이 망설일 거다

언어가 낯설지도
형식이 낯설지도 않은
호수,
호수가
대표시가 되지 말란 법이 없기에……

정지용문학관에게 지용의 대표시 딱 한 편만 뽑으라 하면
정지용문학관은
많이 망설이는 정도가 아니라
골치가 아플 것이다

정지용문학관이 정지용의 별명을 알려주다

친절한
정지용문학관이 정지용의 별명을 알려준다

은밀하게
나에게만 알려주는 게 아니라
공공연하게……

신경통
정종
닷또상

아메리카 인디언의 이름을
빌려오지 않아도
별명은
은유인데

신경통이
정종이
닷또상이 의미하는 바가
뭔지
궁금하다

정종은 술이고
닷또는 경차라는데
신경통은
신경질적이란 말인지
아픈 데가 많다는 말인지

친절한
정지용문학관이 정지용의 별명을 알려준다

정지용문학관은 정지용 문학전집이다

정지용의 시와 산문을
가나다순으로 정리해 놓은
정지용문학관은 정지용 문학전집이다

정지용의 삶과 문학의 세계를 찾아서
정지용문학관까지
먼 걸음을 하지 않고
인터넷으로 검색만 해도
정지용의 작품을 맛볼 수 있다

방문하지 않고도
마음껏
지용문학의 향기를 만끽할 수 있기에
정지용문학관이
먼 걸음을 한 길들의 발길이 끊길 것 같아도
그렇지 않다

정지용문학관을 직접 만나지 않고
배길 수 없도록 하는 건
정지용문학관과 의기투합한
정지용생가다

정지용문학관은 인터넷으로 검색만 해도
정지용의 작품을 만날 수 있는가 몰라도
정지용문학관을 바로 옆에서 지켜주는
정지용생가는
직접 만나지 않고는
만나 봤다 할 수 없다

정지용의 시와 산문을
가나다순으로 정리해 놓은
정지용문학관은 정지용 문학전집이다,
누가 뭐라 하든

4부

정지용이 교토의 조선 유학생 잡지 《學潮》 1호에 '카페 프란스' 외 9편의 시를 선보이다

정지용이
교토의 조선 유학생 잡지 《學潮》 1호에 선보인
'카페 프란스' 외 9편의 시가
교토의 조선 유학생 잡지 《學潮》 1호를 빛나게 해 주었다

1926년 6월 《學潮》 1호에 얼굴 내민
정지용의 시 10편 중에
'카페 프란스'가
정지용이 조선 최초의 모더니스트인 걸 말해 준다

지금으로부터 98년 전에
'카페 프란스'를
세상에 선보인 정지용은
이미 걸출한 시인이 될 싹을 보이고 있다

'카페 프란스'만
정지용이
이미 걸출한 시인이 될 싹을 보이는 게 아니라
슬픈 印象畫도
爬蟲類動物도
이미 걸출한 시인이 될 싹을 보이고 있다

지는 해, 병 등
그밖에 일곱 편의 시들 역시
정지용이
이미 걸출한 시인이 될 싹을 보이고 있다

정지용이
교토의 조선 유학생 잡지 《學潮》 1호에 선보인
'카페 프란스' 외 9편의 시가
교토의 조선 유학생 잡지 《學潮》 1호를 빛나게 해 주었다

그곳이 차마 꿈엔들 잊힐리야에 다 들어 있다

향수의 각 연의
마지막에 얼굴 내민
그곳이 차마 꿈엔들 잊힐리야에
조국을 되찾아야 한다는 마음이
다 들어 있다

이상화가
빼앗긴 들에도 봄은 오는가라고
노래한 것 못지않게
하고 싶은 말을 다 하였다

일제가
죽어도 눈치채지 못하게

김소월이
바라건대는
우리에게
우리의 보습 대일 땅이 있었더면이라고
노래한 것 못지않게
하고 싶은 말을 다 하였다

일제가
죽어도 눈치채지 못하게

향수의 각 연의
마지막에 얼굴 내민
그곳이 차마 꿈엔들 잊힐리야에
조국을 되찾아야 한다는 마음이
다 들어 있다

정지용은 시문학파의 얼굴마담이다

천하의
정지용은 시문학파의 얼굴마담이다

시문학파가 들으면
인상을 구길 수도 있겠지만
정지용 빼면
시문학파는
실력을 제대로 발휘하지 못할 것이다

강진시문학파기념관이
초입에
정지용,
김영랑,
박용철 삼인상을 낳은 것을 보더라도
정지용을 빼놓고
시문학파를 생각할 수 없다

전국구 아닌
시문학파 회원이 없지만
정지용은
전국구 중의 전국구다

향수,
향수가
옥천의 노래를 넘어
우리민족의 노래라는 것만으로도
정지용이
전국구 중의 전국구라는 걸 입증한다

천하의
정지용은 시문학파의 얼굴마담이다

정지용의 '바다 6' 외 4편이 1930년 5월 《시문학》 2호에 얼굴 내밀다

정지용의 '바다 6' 외 4편이
1930년 5월 《시문학》 2호에 얼굴 내밀었다

'바다 6' 외 4편이
《시문학》 2호 1930년 5월호에 얼굴 내민 걸 보고
정지용이
마음을 크게 먹었다고 해야 하나
마음을 넓게 먹었다고 해야 하나

'바다 6' 외에도
'피리',
'저녁해ㅅ살',
'호수 1',
'호수 2'가 동참하였다

고래가 이제 橫斷한 뒤
해협이 天幕처럼 퍼덕이오로
시작하는
바다 6은
정지용의 시 중에 걸작 중의 걸작이다

호수 1도
호수 2도
짧아도
기상이 엿보이는
만만치 않은 시인 것을

정지용의 '바다 6' 외 4편이
1930년 5월《시문학》2호에 얼굴 내밀어
시문학의 위상을 높여 주었다

정지용은 시만 끝내준 게 아니라 동시도 끝내주다

정지용은
시만 끝내준 게 아니라
동시도 끝내준다

정지용이 낳은
호수 하나만 만나 봐도
그냥 알 수 있다

- 얼굴 하나야
손바닥 둘로
폭 가리지만,

보고싶은 마음
호수만 하니
눈 감을 밖에.

호수 하나로 부족하면
별똥이란
동시 하나 더 만나 보면
그냥 알 수 있다

- 별똥 떨어진 곳
마음에 두었다
다음날 가보려
벼르다 벼르다
이젠 다 자랐소.

정지용은
시만 끝내준 게 아니라
동시도 끝내준다,
그야말로

구인회를 보면 정지용을 그냥 알 수 있다

구인회를 보면 정지용을 그냥 알 수 있다

정지용이
놀아도 누구와 놀았냐 하는 게
중요하다고 하면
정지용에게 모욕이 될라나

구인회 다른 회원들이
놀아도 정지용하고 놀았다 하면
정지용에게
욕이 되지 않겠지

이종명, 김유영의 발기로
이효석, 이무영, 유치진, 이태준
조용만, 김기림, 정지용이 의기투합한
구인회

뭔 사연인지
이종명, 김유영, 이효석이 나가고
박태원, 이상, 박팔양이 들어온
구인회

유치진, 조용만이 또 나가고
김유정, 김환태가 또 들어와
아홉 명을 고수한
구인회

들어왔다가
나간 적 없는
구인회를 보면 정지용을 그냥 알 수 있다

정지용의 휘문고 영어교사 시절 칠판을 배경으로 한 사진이 말해 주는 게 있다

정지용의 휘문고 영어교사 시절 칠판을 배경으로 한 사진이
말해 주는 게 있다

영어 필기체를
정지용이 얼마나 잘 쓰는가를 말해주는
이 사진이
정지용이 영어로 낳은
'윌리엄 블레이크 시의 상상력'이란
도시샤 대학 졸업논문을 내 앞에 불러낸다

대학원생도 아니고
학부 졸업생으로 하여금
졸업논문을 영어로 낳게 한
도시샤 대학에게 배울 바가 있다고 하면
바로 친일로 몰릴 수 있으니
아예 입을 봉해야 한다

영어 필기체,
영어 필기체를 끝내 주는
정지용이
일본어로 시를 낳았으니

일본어도 끝내주고
이화여자대학에서
라틴어를 가르칠 정도니
라틴어도 끝내준 것을

정지용의 휘문고 영어교사 시절 칠판을 배경으로 한 사진이
말해 주는 게
한두 가지가 아니다

정지용은 박두진의 시 심사평을 쓰면서 가슴이 뿌듯하였을 것이다

정지용은
향현, 묘지송을 낳은
박두진에 대한 추천평을 쓰면서
마음이 뿌듯하였을 것이다

박두진은
정지용이 낳은
《문장》 제1권 3호 1939년 3월호와
《문장》 제1권 4호 1939년 4월호에
각각 얼굴 내민
장수산과 백록담을 만났을 것이다

박두진은
「문장」 제1권 제5호 1939년 6월호에 똬리 튼
자신에 대한 정지용의 추천평을 읽고서
가슴이 뛰었을 것이다

- 박군의 시적 체취는 무슨 살림에서 풍기는 식물성의 것입니다. 실상 바로 다옥한 살림이기도 하니 거기에는 김생이나 뱀이나 개미나 죽음이나 슬픔까지가 무슨 수취(獸臭)를 발산할 수 없이 백일(白日)에 서늘없고 푹은히 젖어 있습디다.

조류(鳥類)의 우름에도 기괴한 외래어를 섞지 않고 인류와 친밀하야 자연어가 되고 보니 끝까지 박군의 수림(樹林)에는 폭풍이 아니 와도 좋습니다. 항시, 멀리 해조(海潮)가 울 듯이 쏴-하는 극히 섬세한 송뢰(松?)를 가졌기에. 시단에 하나 〈신자연(新自然)을 소개하며 선자(選者)는 만열(滿悅) 이상이외다.

정지용은
가슴이 뿌듯하고
박두진은
가슴이 뛰고
이보다 더 좋은 모습이 어디에 있겠는가

청록파 시인
세 사람만 보더라도
정지용은
물건들을 알아보는 혜안이 있다

추천평을 대충 쓴 게 아니라
시 쓰듯
심혈을 기울여 쓴
정지용은

누구도 못 말리는 시인이다

정지용의 박남수에 대한 추천평이 그야말로 끝내주다

정지용의 박남수에 대한 추천평이 그야말로 끝내준다

정지용이
무담시
천하의 정지용이란 말을 듣는 게 아니다

「문장」 제2권 제1호 1940년 1월호에
얼굴 내민
박남수에 대한 추천평이
나로 하여금
나를 돌아보게 한다

- 이 불가사리의 리듬은 대체 어데서 오는 것이릿가. 음영과 명암도 실로 치밀히 조직되였으니 교착(膠着)된 〈자수〉가 아니라 시가 지상(紙上)에서 미묘히 동작하지 않는가. 면도날이 반지(半紙)를 먹으며 나가듯 하는가 하면 누에가 뽕닢을 색이는 소리가 납니다. 무대 위에서 허세를 피는 번개ㅅ불이 아니라 번개ㅅ불도 색실같이 고흔 자세를 잃지 않은 산번개ㅅ불인 대야 어찌하오. 박군의 시의 〈인간적〉인 것에서 이러한 기법이 생기였오. 시선(詩選)도 이렇게 기쁠 수 있으량이면 이밤에 내가 태백(太白)을 기울리여 취할가 합니다.

박남수의 시가
어떤 시인지 몰라도
정지용이 박남수를 추천하면서
면도날이 반지(半紙)를 먹으며 나가듯 하는가 하면
누에가 뽕잎을 색이는 소리가 납니다라고 하지 않는가

박남수에 대한 추천평만으로도
천하의 정지용을
나는
발 벗고 나서도
따라갈 수 없을 것 같다

정지용의 박남수에 대한 추천평이 그야말로 끝내주고도 남는다

《문장》이 운이 좋은 건지 조지훈이 운이 좋은 건지

《문장》이 운이 좋은 건지
조지훈이 운이 좋은 건지

《문장》 제1권 1939년 4월호가
고풍의상을
《문장》 제1권 1939년 12월호가
승무를
《문장》 제2권 1940년 2월호가
봉황수, 향문을 챙겼다고 하면
조지훈이 운이 좋은 거다

《문장》 제1권 1939년 4월호를
고풍의상이
《문장》 제1권 1939년 12월호를
승무가
《문장》 제2권 1940년 2월호를
봉황수, 향문이 빛나게 해 주었다 하면
《문장》이 운이 좋은 거다

- 조군의 회고적 에스프리는 애초에 명소(名所) 고적(古蹟)에서 날조한 것이 아닙니다. 차라리 고요한 푸른 하늘 바탕

이나, 고매한 자기(磁器) 살결에 무시로 거래하는 일말 운무와 같이 자연과 인공의 극치일까 합니다. 가다가 명경지수에 세우와 같이 뿌리며 나려앉는 비애의 artist 조지훈은 한 마리 백학처럼 도사립니다. 시에서 깃과 쭉지를 고를 줄 아는 것도 천성(天成)의 기품이 아닐 수 없으시니 시단에 하나 '신고전'을 소개하며…쁘라 보우!

정지용의
조지훈에 대한 추천평이
조지훈에게 날개를 달아주었다

시만 일가를 이룬 게 아니라
추천평도 일가를 이룬
정지용은
조지훈의 시를 읽으면서
무릎을 쳤을 것이다

《문장》도 운이 좋고
조지훈도 운이 좋다

북에는 소월素月 남에는 목월木月이란 말의 발원지가

북에는 소월素月 남에는 목월木月이란 말의 발원지가
어디인가 했더니
정지용이 낳은
「문장」 제2권 제7호 1940년 9월호다

정지용 문학의 향기를 맡게 해 준
정지용문학관이
나에게 귀띔해 주지 않았으면
북에는 소월素月 남에는 목월木月이란 말의 발원지를
영원히 모르고 넘어갔을 뻔했다

- 북에는 김소월(金素月)이 있었거니 남에는 박목월(朴木月)이가 날만하다. 소월의 툭툭 불거지는 삭주(朔州)구성조(龜城調)는 지금 읽어도 좋더니 목월이 못지않아 아기자기 섬세한 맛이 좋다. 민요풍에서 시에 진전하기까지 목월의 고심이 더 크다. 소월이 천재적이요 독창적이었던 것이 신경(神經) 감각 묘사까지 미치기에는 너무나 〈민요〉에 종시(終始)하고 말았더니 목월이 요적(謠的) 수사(修辭)를 다분히 정리하고 나면 목월의 시가 바로 조선시다.
「문장」 제2권 제7호 1940년 9월호

정지용이
시만 잘 쓴 게 아니라
산문도 잘 쓰고
추천평도 이리 잘 쓰는 걸
진즉 알았더라면
나도 시하고만 가까이 지낼 게 아니라
산문하고도 가까이 지낼 것을

마음은
고희의 강을 건너기 바로 직전인
이제라도
산문하고도 가까이 지내고 싶은데
산문은 나하고 가까이 지내고 싶을까

북에는 소월(素月)이 남에는 목월(木月)이란 말의 발원지가
어디인가 했더니
정지용이 낳은
「문장」 제2권 제7호 1940년 9월호다

정지용이 《가톨릭청년》으로 이상을 챙기다

정지용이 《가톨릭청년》으로 이상을 챙겼다

《가톨릭청년》 제2호(1933년 7월호)에는
이상의 시
1933년 6월 1일,
꽃나무,
이런 시가
《가톨릭청년》 제5호(1933년 7월호)에는
거울이 얼굴 내밀게 해 주었다

천재는 천재를 알아본다고
정지용이
이상을 알아본 것이다

나중에
구인회에
이상이 합류한 것도
정지용의 입김이 작용하였는지
작용하지 않았는지
궁금하다

구인회의 기관지
《시와 소설》편집후기에
이상이 남긴
어느 시대에도 그 현대인은 절망한다
절망이 기교를 낳고 기교 때문에 또 절망한다라는
글이 이상이 누구인지 말해주는데
그 이상을
정지용이 알아본 것이다

정지용이 《가톨릭청년》으로 이상을 챙겼다,
제대로

정지용이 윤동주를 챙기다

천하의
정지용이 윤동주를 챙겼다

윤동주 사후에
경향신문에
윤동주의 〈쉽게 씌여진〉 시를
세상에 소개한 이가
정지용이다

그로부터 한 해 뒤에 태어난
《하늘과 바람과 별과 시》의 서문을
맡은 이도
정지용이다

-청년 윤동주는 의지가 약하였을 것이다. 그렇기에 서정시에 우수한 것이겠고, 그러나 뼈가 강하였던 것이리라. 그렇기에 일적(日賊)에게 살을 내던지고 뼈를 차지한 것이 아니었던가? 무시무시한 고독에서 죽었구나! (…) 일제강점기에 날뛰던 부일 문사(附日文士) 놈들의 글이 다시 보아 침을 뱉을 것뿐이나, 무명 윤동주가 부끄럽지 않고 슬프고 아름답기 한이 없는 시를 남기지 않았나?

정지용이
윤동주의 전범인 걸
아는 사람만 알고
모르는 사람은 모른다

윤동주가
숭실중학에 다닐 때
정지용 시집을
옆구리에 끼고 살았다

윤동주가
연희전문을 마치고
일본까지 유학을 가
릿쿄대에서
도시샤대로 전학을 간 것도
정지용이 걸은 길을
윤동주가 따라 걷고 싶어서였다

천하의
정지용이 윤동주를 챙겼다

조선문학가동맹에 걸출한 문사들이 너무 많았다

조선문학건설본부와
조선프롤레타리아문학동맹이 의기투합하여 태어난
조선문학가동맹은 걸출한 문사들이 너무 많았다

천하의 정지용이
아동분과위원장이라니
정지용의 위상으로 봐서
어떤 직책을 맡아야 했는지는
내 입으로 말하지 않겠다

시분과위원장 자리를
김기림이 차지하니
정지용이 설 자리가 마땅치 않아
차선책으로
아동문학분과위원장 자리를 맡긴 게 분명하다

조선문학가동맹이 주최한
전국문학자대회에
정지용이 참석하지 않고
다방에서 정지용이 시간을 죽인 것도
아동문학분과위원장 자리가

마음에 들지 않아서여만은 아닐 텐데
왜 정지용은 참석하지 않았을까

홍명희를 비롯한
이병기, 이태준, 김남천 등이 앞장선
조선문학가동맹이
기관지 《문학》까지 거느리면서
앞날을 기약하였으나
1948년 대한민국 정부가 수립되자
회원들이 전향과 월북으로 사실상 해체되었다

지용이 보도연맹에
가입할 수밖에 없었던 것도
새로 들어선 정부의
회유와 겁박이 크게 기여하였을 수도 있다

조선문학건설본부와
조선프롤레타리아문학동맹이 의기투합하여 태어난
조선문학가동맹은 걸출한 문사들이 너무 많았다

6·25한국전쟁이 정지용의 운명의 지침을 돌려놓았다

냉전 이데올러기의 희생양인
6·25한국전쟁이
정지용의 운명의 지침을 돌려놓았다

6·25한국전쟁 중에 증발한
정지용은
월북이냐
납북이냐로
논란의 대상이 되었다

8.15 광복 후
좌파 문인 단체인
조선문학가동맹의 아동문학분과 위원장을 지내고
보도연맹에 가입한 정지용은
친북인사로 낙인 찍혀
1988년 해금되기 전까지
오랜 세월 정○용으로 알려져왔다

정○용 아닌
정지용으로 제 이름을 되찾기까지
정지용의 남은 가족들은

숨죽이며 살아야했다

증발한
정지용이
납북 도중
동두천 소요산에서
미군의 폭격으로 생을 앞당기는 설이 있다

인구에 회자하는
향수가,
향수가 노래로 다시 태어난 걸
모르고 죽은 것이다
냉전 이데올러기의 희생양인
6·25한국전쟁이
정지용의 운명의 지침을 돌려놓았다

2001년 1월 제3차 남북이산가족상봉에 아버지를 찾아 북으로 간 정구인이 나타나다

2001년 1월 제3차 남북이산가족상봉장에
6·25한국전쟁 중에 증발한
아버지 정지용을 찾아
집을 나선
정구인이 51년 만에 나타났다

형 정구관과
누나 정구원이 함께한 자리에
정구인처럼
아버지 정지용을 찾아 나선
정구인의
작은 형 정구익은 나타나지 않았다

-내 오늘 자나깨나 그리던 고향에 왔노라

마중 나온 형님도 누님도 조카들도
나를 뜨겁게 맞아주는데
저기 두 팔을 들고
발을 구르며
얼싸안고 돌아가는
저 모습을 보라

한 나라
한 민족이
둘로 갈라지지 않았던들
그렇듯이 오랜 세월 생사여부를 모르고
가슴을 쥐어뜯으며 살아왔겠는가

정지용의 아들답게
두 손을 불끈 쥐고
즉흥적으로 뱉어낸
정구관의 시 아닌 시를 들은 사람은
가슴이 뜨거울 수밖에 없었을 것이다
2001년 1월 제3차 남북이산가족상봉장에
6·25한국전쟁 중에 증발한
아버지 정지용을 찾아
집을 나선
정구인이 51년 만에 나타났다

일본 교토 도시샤 대학이 정지용과 윤동주를 챙기다

일본 교토 도시샤 대학이 정지용과 윤동주를 챙겼다,
시비 압천으로
시비 서시로

정지용은 도시샤 대학을 마치고
조선으로 돌아와
해방을 맞이한 뒤
6·25한국전쟁 중에 생을 앞당겼고
윤동주는 도시샤 대학 중에
불량선인으로
후쿠오카 감옥에 수감돼 생체실험으로 생을 앞당겼다

비극으로 생을 마친
정지용과 윤동주를 시비로 챙긴
도시샤 대학이
일말의 양심도 없는 일본의 죗값을
조금이나마 덜어줬다는 말을
뱉었다가는
비난의 대상이 될 수 있으니
아예 입을 봉해야 한다

도시샤 대학이
자신과 인연을 맺은,
비극적으로 생을 앞당긴
조선인들을 챙긴 것은
반성의 기미가 없는 일본과는 달리
사심이 전혀 없는
인류애라라고 봐도 좋을라나

일본 교토 도시샤 대학이 정지용과 윤동주를 챙겼다,
시비 압천으로
시비 서시로

옥천이 강진에 기여한 게 두 개 있다

옥천이
강진에
기여한 게 두 개 있다

그게 뭔지
그게 뭔지

맞춰 봐라
맞춰 봐라

하나도
못 맞추니
내가 말해 줄 수밖에

하나는
옥천이 낳은
송시열이 아니었으면
태어나지 않았을 남강서원이다

또 하나는
옥천이 낳은

정지용이
김영랑, 박용철과 의기투합하지 않았으면
태어나지 않았을 시문학파기념관이다

옥천이
강진에
기여하듯이
강진이
옥천에
기여한 게 두 개 있다

그게 뭔지
그게 뭔지

찾아 봐라
찾아 봐라

내 입으로 말할 수 없다

『최초의 모더니티스트 정지용』이 정지용을 소화하는 데 크게 기여하다

사나다 히로꼬가 낳은
『최초의 모더니티스트 정지용』이
내가
정지용을 소화하는 데 크게 기여하였다

우리가 자랑하는
근대시의 아버지인 정지용을
일제의 문예지《근대풍경》이 챙겼다는
현실이 마음 아프다

정지용이 일취월장하는 데
일제의 문예지《근대풍경》에게 신세진 건 사실이나
식민지 백성으로서
이국 땅에서 신세를 지기 이전에
인구에 회자하는「향수」를
정지용이 낳았다는 것 하나만으로
정지용은 근대시의 아버지다

이국 땅에서
가톨릭 신자가 되어
방지거란 세례명을 즐겨 쓴 것도

일제에 저항하는 길 중의 하나였을 것이다

애매모호한 시 이토異土가
정지용의 발목을 잡기는 하지만
그곳이 차마 꿈엔들 잊힐이리야에
정지용의 바람이
다 들어있는 것을 눈치챈 이들은
정지용의 마음을 읽고도 남을 것이다

사나다 히로꼬가 낳은
『최초의 모더니티스트 정지용』이 아니었더라면
내가
정지용을 소화하는 데 어려움이 많았을 것이다

나의 시 「갈대는 제 몸뚱일 흔들어」를 지용에게 보여주고 싶은데

나의 시
「갈대는 제 몸뚱일 흔들어」를 지용에게 보여주고 싶은데
보여줄 길이 없다

박두진, 조지훈, 박목월처럼
정지용의 추천을 받아
《문장》으로 등단하였다면
지용은 나의 시에 대하여
뭐라고 평했을까

나의 시
「갈대는 제 몸뚱일 흔들어」를 보고 지용이
자연친화적인 순수서정시를 쓰는 시인이라고
서두를 시작했을 가능성이 많으나
그건 단지 나의 생각일 뿐이고
전혀 다르게 시작할 수도 있다

지용의 추천을 받아
《문장》으로 등단하여
청록파에 끼었더라면 좋았겠지만
그때 그 시절이

일제강점기 암울한 시대인데
지용의 추천을 받으면 무엇하고
청록파에 끼어 무엇하겠는가

지용의 추천을 받아
《문장》으로 등단하여
청록파에 끼는 건
생각으로 그칠 뿐
일제강점기 암울한 시대에 태어나는 건
꿈도 꾸지 말아야 한다

일제강점기에도
지용과 청록파 세 시인이
우리말로
그리 아름다운 시를 낳아
그 시들이 나의 시에
자양분이 된 건
명약관화한 사실이다

나의 시
「갈대는 제 몸뚱일 흔들어」를 지용에게 보여주고 싶은데

보여줄 길이 없다

* 갈대는 제 몸뚱일 흔들어: 나의 등단작 중의 한 편이다.

갈대는 제 몸뚱일 흔들어

갈대는 제 몸뚱일 흔들어
바람을 만들데

마을 우물터 물동이 이고 돌아오는
새악시 귀밑머리에 속삭이다가
보조개에 넘실대다가……

順한 짐승들이 목마르다니
둥둥 떠다니는 하늘의 구름을 불러
가슴까지 적셔주고,
들녘 끝에 무지개꽃 한 송이 피우데

내친걸음에 邑內로 나가

粉바른 계집의 짧은 치마에
한눈팔데

저것 봐! 어느새 山으로 가서
옷고름 풀어 속살 어루만지니
山이 낯 붉히는 거

몇은, 꿈꾸는 섬이 있는
百日紅 꽃물든 바다로 가서
돛단배로 파도 위를 거니는 거

힘파이니 새의 깃털에 묻어
돌아오는 거

물과별 시선 22

정지용문학관은 정지용 대변인이다

1판 1쇄 인쇄일 ｜ 2025년 6월 5일
1판 1쇄 발행일 ｜ 2025년 6월 10일

지은이　　김재석
펴낸이　　신정희
펴낸곳　　사의재
출판등록　2015년 11월 9일　제2015-000011호
주소　　　목포시 보리마당로 22번길 6
전화　　　010-2108-6562
이메일　　dambak7@hanmail.net
ⓒ 김재석, 2025

ISBN 979 - 11 - 6716 - 111 - 6 03810

지은이와 출판사의 동의 없이 이 책의 내용 중 전체 또는 일부를 인용하거나 발췌하는 것을 금합니다.

값 12,000원